Père Noël, où es-tu ?

Père Noël, où es-tu ?

Illustrations : Marlis Scharff-Kniemeyer
Texte : Norbert Landa

Adaptation française : Marie-José Lamorlette

GAUTIER-LANGUEREAU

Dans la vallée, c'est l'automne. Le vent arrache les feuilles aux arbres et en fait de gros tas à leurs pieds.

A califourchon sur une branche, Odilon le petit ourson regarde d'en haut Didou et Pilou, les petits loups.

« You-ou ! Je suis plus dégourdi que vous ! » leur crie-t-il.

Et plouf, il se laisse choir sur l'un des tas moelleux.

« J'adore les feuilles mortes ! s'exclame-t-il.

– Moi, je préfère la neige, dit Pilou. C'est bien mieux.

– La neige ? demande Odilon, surpris. Qu'est-ce que c'est ?

– Si les ours ne dormaient pas tout l'hiver, s'esclaffe Didou, tu le saurais !

– Peuh ! Vous dites ça parce que vous êtes jaloux, et parce que je grimpe mieux que vous ! » ronchonne Odilon.

Le lendemain, les trois amis font un concours de cerfs-volants et c'est celui d'Odilon qui monte le plus haut.

« Pff ! Nous, en hiver, on a bien mieux que les cerfs-volants, déclare Pilou. Le Père Noël nous apporte des cadeaux et nous chantons des cantiques magnifiques !

– Chanter, vous ? se moque Odilon. Tout ce que les loups savent faire, c'est hurler. Moi, je préfère dormir. »

Le jour suivant, ils vont ramasser des champignons.

« Youpi ! s'écrie Odilon. Regardez tout ce que j'ai trouvé ! Ce soir, je vais me régaler. »

Didou et Pilou baissent le nez sur leur panier : il est vide.

« Les champignons, ce n'est pas mauvais, fait Didou. Mais les pains d'épice et les chocolats du Père Noël, c'est cent fois meilleur, crois-moi ! »

Le soir venu, Odilon demande à sa maman de lui dire tout ce qu'elle sait sur l'hiver, la neige et le Père Noël.

« Si tu y tiens... dit Maman Ours. En hiver, il n'y a rien à manger : plus de champignons, plus de baies et la terre est gelée. Il fait si froid que la pluie, en tombant, devient blanche et glacée.

Elle recouvre tout, c'est ce qu'on appelle la neige. Les gens intelligents, comme nous, préfèrent rester au lit pour attendre le printemps, tu comprends ?

– Oui, mais qui est le Père Noël ? demande Odilon.

– J'y viens, répond Maman Ours. Les gens qui ne dorment pas ont la vie très dure, en hiver. Ils ont froid, ils doivent marcher dans la neige mouillée. Alors, pour les consoler, le Père Noël vient leur apporter des cadeaux.

– Il est comment, le Père Noël ?

– Je ne l'ai jamais vu, dit Maman Ours, mais on raconte qu'il a un manteau rouge et une barbe blanche. Et maintenant, ajoute-t-elle en prenant Odilon dans ses bras, si nous chantions une jolie chanson pour les oursons ?

Tsouin, tsouin, tsouin !
Nous, les ours, on est les plus malins.
Quand il fait froid dehors,
on dort pour devenir plus forts ! »

Dormir tout l'hiver, c'est sûrement bien, mais Odilon a quand même très envie de voir le Père Noël. Il décide donc qu'il se couchera plus tôt. Ainsi, quand Noël arrivera, il sera en pleine forme et parfaitement réveillé !

Le lendemain matin, il fait un vrai temps d'automne : gris, mouillé, pas drôle. Pendant que Didou et Pilou jouent sous la pluie, Odilon décide de rester au lit.

« Qu'est-ce que tu as ? demande sa maman. Tu es malade ?

– Non, répond Odilon. Je veux dormir, c'est tout.

– Dormir en cette saison ? marmonne Maman Ours. Ce n'est pas normal ! Il faut faire venir le docteur. »

Le docteur Loup arrive. Il ausculte Odilon, examine sa langue, prend sa température.

« Ce petit n'a rien, dit-il. Ça doit être le mauvais temps. Je sens venir la neige, moi aussi. Mais soyez tranquille : d'ici Noël, tout ira bien. »

Odilon dresse les oreilles. D'ici Noël ?

« Voyons, docteur ! chuchote Maman Ours. Vous savez bien que nous, les ours, nous hibernons !

– Oui, oui, bien sûr, fait le docteur. Les ours hibernent, c'est vrai. Bon. Alors dans ce cas, dormez bien, tous les deux ! »

Le docteur Loup se hâte de rentrer chez lui, car il commence à faire très froid. Au-dessus de la vallée, le ciel est couvert. La neige ne va pas tarder.

Quelques jours plus tard, Maman Ours prépare la maison pour le long sommeil d'hiver. Elle suspend un sac d'avoine au plafond, pour le mettre à l'abri des souris, puis elle cloue une pancarte sur la porte :

NE PAS DÉRANGER

Ensuite elle ferme à clé, tire les volets et bâille.

« Et voilà ! » dit-elle en bordant Odilon dans son lit.

Elle le serre très fort, lui donne un gros baiser.

« Dors bien, mon trésor. A bientôt, au printemps ! »

Elle quitte la chambre, mais revient peu après.

« Tu n'as pas vu le réveil, par hasard ? Il n'est nulle part ! »

Odilon ne bronche pas.

« Oh, mon petit dort déjà ! murmure Maman Ours. Tant pis.

De toute façon, le soleil du printemps nous réveillera. »

Elle sort sans bruit, pendant qu'Odilon rit en douce. Le réveil, il l'a caché sous son lit... et il a réglé la sonnerie sur Noël, bien entendu !

Là-dessus, l'ourson s'endort. Dehors, dans la vallée, la neige tombe à gros flocons. Peu à peu, tout devient très blanc, très silencieux et très tranquille.

Odilon dort à poings fermés.

Tout à coup, le réveil sonne. *Driiiing* ! Odilon, effrayé, manque de tomber de son lit. Quel tintamarre ! Vite, il arrête la sonnerie.

Pourvu que Maman Ours n'ait rien entendu !

Mais non : dans la maison, tout est calme. A peine si l'on distingue un léger ronflement. L'ourson se lève, ouvre les volets et regarde dehors.

Quelle merveille !

Quelqu'un a jeté sur la vallée une couverture blanche, moelleuse comme une couette de duvet ! C'est donc ça, la neige ? Dans ce cas, le Père Noël ne doit pas être loin... Odilon met son écharpe, ouvre la porte et sort dans tout ce blanc. Puis il tend l'oreille. Pas un bruit.

« Je vais aller à la rencontre du Père Noël », se dit-il.

Il escalade une colline. A chaque pas, il laisse derrière lui une petite trace ronde, très profonde. La neige est douce, d'accord, mais sûrement pas aussi chaude qu'une couette. Elle est même carrément froide. Quelle drôle d'affaire !

Enfin, il arrive au sommet de la butte. De là, il voit toute la vallée. Mais il a beau regarder dans toutes les directions, le Père Noël est invisible. Où se cache-t-il ?

Soudain, Odilon sent une chose froide et très légère se poser sur sa truffe. Un flocon ! Et un autre, et un autre ! Des flocons tombent du ciel, sans arrêt, et dansent autour de lui. Alors il se met à danser aussi, jusqu'à avoir la tête qui tourne, et à chanter une jolie chanson de neige :

«Tra-la-li, tra-la-la, tsouin, tsouin,
Je suis un petit malin !
Le Père Noël peut se cacher,
Moi je saurai où le trouver ! »

Quand Odilon a fini sa chanson,
les flocons tombent si dru qu'il n'y voit plus.

« Père Noël ! crie-t-il. Tu m'entends ? »

Mais aucun Père Noël ne répond. Autour de l'ourson, pas un bruit.

La neige tombe en tourbillons, le froid gèle les pattes d'Odilon, il a l'estomac dans les talons. Et la peur, aussi, arrive avec la nuit...

« Comment trouver le Père Noël, maintenant ? J'aime mieux rentrer chez moi, soupire-t-il. Bientôt, tout sera noir. »

Il se laisse glisser au bas de la colline,
puis il veut suivre ses traces.
Mais la neige qui tombe les a effacées !
Le petit ourson ne sait plus où il est,
ni où se trouve sa maison.

Il se met à pleurer.

« Au secours ! crie-t-il. Je veux rentrer ! »

Odilon reste immobile dans la nuit noire et tend l'oreille. Il n'entend rien, sauf une sorte de hurlement lointain, pas très fort. Si c'était Pilou et Didou ? Non. C'est juste le vent dans les branches.

Et soudain un tintement lui parvient. Très joli. Puis il voit surgir un traîneau qui glisse sur la neige.

« Ohé ! Ohé ! crie l'ourson du plus fort qu'il peut. S'il vous plaît, attendez-moi ! »

Le cocher tire sur les rênes et se retourne. Il est drapé de la tête aux pieds dans une épaisse couverture ; on ne voit que son visage souriant et ses yeux bleus pétillants. Odilon s'approche en courant et se fige, bouche bée : l'arrière du traîneau est recouvert d'une bâche ornée d'étoiles ; devant, il y a d'énormes animaux avec des bois géants.

« Bonsoir, Odilon ! s'écrie le cocher. Que fais-tu donc ici ? Est-ce que les oursons ne dorment pas, à cette période de l'année ?

– Si... murmure Odilon, embarrassé. Mais je voulais trouver le Père Noël, et maintenant je ne trouve plus ma maison !

– C'est bien ce que je pensais, dit le bonhomme. Allez, monte et tiens-toi bien ! »

« Hue ! » crie le cocher dès qu'Odilon est monté.
Les bêtes s'élancent en un bond puissant.
Le traîneau vole dans les airs. L'ourson ouvre des yeux ronds : tout est si petit, au-dessous de lui !
« Où allons-nous ? demande-t-il, terrifié.
– Chez toi, bien sûr ! » répond le cocher.

Peu après, le traîneau se pose juste devant la maison d'Odilon. L'homme saute à terre. Quand il rejette la couverture, l'ourson voit qu'il porte un manteau rouge.

« Tu... tu... tu es... le Pè... Pè... bredouille-t-il.

– Eh oui, c'est moi ! répond le Père Noël à mi-voix. Doucement, il ne faut pas réveiller ta maman ! »

Il soulève la bâche étoilée, et Odilon découvre un monceau de paquets et de cadeaux.

« Dis-moi ce que tu aimerais », dit le Père Noël.

L'ourson réfléchit.

« Pour moi... du pain d'épice et des chocolats, s'il te plaît. Et pour ma maman... des chocolats et du pain d'épice !

– Parfait », dit le Père Noël.

Il farfouille dans les paquets, en choisit deux, puis ils entrent ensemble dans la maison.

« Je dois repartir, chuchote le Père Noël. Didou et Pilou m'attendent. Ecoute bien : l'an prochain, tu resteras sagement dans ton lit et j'apporterai vos cadeaux. Mais seulement quand tu dormiras, d'accord ?

– D'accord », murmure Odilon.

De la fenêtre, il regarde le Père Noël remonter dans son traîneau. Celui-ci repart comme un éclair, et bientôt l'ourson ne voit plus qu'un point qui brille dans le ciel. Ou alors, c'est une étoile... Odilon est trop fatigué pour chercher.

Il regagne sa chambre sur la pointe des pattes, cache les paquets dans son coffre à jouets, puis il grimpe dans son lit et s'endort à poings fermés.

Quand Odilon s'éveille, le soleil brille. L'air sent les fleurs, les oiseaux gazouillent. Maman Ours a ouvert les volets. Elle vient embrasser l'ourson sur le nez.

« Bonjour, mon bébé ! Debout, c'est le printemps ! »

Le printemps, déjà ? Odilon se frotte les yeux et bâille. Puis il s'écrie :

« Maman, le Père Noël est venu !

– Les souris aussi sont venues ! répond sa maman, de la cuisine. Elles ont rongé la ficelle, fait tomber le sac et tout mangé. Il ne nous reste plus rien pour déjeuner.

– Si ! Du pain d'épice et des chocolats ! crie Odilon en courant chercher les paquets. Et puis des chocolats et du pain d'épice ! »

Il raconte toute l'histoire à Maman Ours.

« Et l'an prochain, annonce-t-il, le Père Noël reviendra !

– Oui, dit Maman Ours, mais seulement si nous dormons ! »

Peu après, Didou et Pilou mettent le nez à la fenêtre. Ils reniflent.

« C'est drôle ! s'exclament-ils. On se croirait à Noël ! »

Odilon et Maman Ours se font un clin d'œil.

« Nous, les ours, nous fêtons toujours Noël un peu plus tard. Vous ne le saviez pas ? »

Publié pour la première fois en 1997 par Ravensburger Buchverlag, sous le titre
WO BIST DU, WEIHNACHTSMANN ?

ISBN 2.01. 390693. 5
Dépôt légal n° 4196 - Octobre 2000 - Édition 04
Loi n° 49-956 du 16 juillet 1949
sur les publications destinées à la jeunesse
Imprimé en Allemagne.